SOUVENIR
DE
l'Exposition des Beaux-Arts
DE LILLE.

IMPRESSIONS D'UN VIEUX FILTIER
recueillies et mises en *Pasquilles*

PAR

DESROUSSEAUX.

Ire SÉRIE.

> Des artistes mett'nt in tableaux
> Les canchons d' Nadaud, joyeuss's filles,
> Et, tout au contrair', Desrousseaux
> Va mett' des tableau' in pasquilles.
> *Un Vieux Filtier.*

Prix : **75** centimes.

LILLE,
IMPRIMERIE L. DANEL.
—
1881.

SOUVENIR

DE L'EXPOSITION DES BEAUX-ARTS

DE LILLE.

SOUVENIR

DE

L'EXPOSITION DES BEAUX-ARTS

DE LILLE.

IMPRESSIONS D'UN VIEUX FILTIER

recueillies et mises en *Pasquilles*

PAR

DESROUSSEAUX.

Ire SÉRIE.

> Des artistes mett'nt in tableaux
> Les canchons d' Nadaud, joyeuss's filles,
> Et, tout au contrair', Desrousseaux
> Va mett' des tableau' in pasquilles.
> *Un Vieux Filtier.*

Prix : 75 Centimes.

LILLE,
IMPRIMERIE L. DANEL.

1881.

PRÉFACE.

Quéqu'un qui sait que j'sus filtier,
M'a dit : « Va, chacun sin métier.
Te n' peux parler ni de l' peinture,
Ni du dessin, ni de sculpture,
Puisque t' n'as jamais peinturé,
Ni dessiné, ni sculpturé,
Et qu' ch'est à pein' si te sais lire,
Et barbouiller putôt qu' écrire.
Si te veux l' faire, on rira d' ti,
Ch'est sûr et certain, et l' parti
Que j' prindros, si j'éto' à t' plache,
Cha s'rot d' fair' tranquill'mint m'n ouvrache,
Et d' laicher là l'esposition. »

A cha j'ai répondu d'action :
« Mais te m' donn's vraimint l'invi' d' rire.
Quoi ! te pins's que je n' peux point dire,
Quand j'ai d'vant mes yeux des tableaux,
S'i sont vilains, passable' ou biaux ?...
Mais, si j' veyos là des jeun's filles,
Je m' croiros l'roi des imbéciles,

Et, pour sûr, in train d' divaguer,
Si je n' savos point distinguer
Les laid's, des passable' et des bielles ;
Quand j'intinds des canchons nouviolles,
Quoiq' je n' saich' point faire un couplet,
J'applaudis ferme cheull' qui m' plaît,
In dijant brav'mint : V'là l' pus bonne !
Et pou' m' dédire i n'y-a personne ;
Je n' sais juer ni du piston,
Ni de l' flût', ni du bombardon,
Ni du trombonn', ni de l' trompette,
De l' gross' caiss', ni de l' clarinette.
Que l' gross' caiss' tape un cop trop tard,
Qu' eun' clarinett' faiche un canard
In plein mitan d'eun' barcarolle,
J' l'intinds, te peux m' croir' sur parole.
A moins, donc, d'ête un ostrogoth,
Un chacun peut dir' sin p'tit mot,
Su' les tableaux comm' sur eune aute affaire,
Et ch'est chin que j' vas tâcher d' faire.
Te s'ras libre après, min cadet,
Si cha t' plaît, de m' traiter d' baudet. »

UN VIEUX FILTIER

LA RENTRÉE D'UN CONCOURS.

Par M. Jules DENNEULIN.

Que j'viens d' vir un curieux tableau !
Non, jamais j' n'ai rien vu d' pus biau.
Cha r'présinte eun' bourgade in fiête.
A chaq' port' comme à chaq' ferniête,
Et tout partout, les grands, les p'tits,
Ont des visach's fort réjouis.
Ch'est qu'i s'passe eun' coss' vraimint bielle,
Qu'on n'a vu, d'puis longtemps, l' parelle,
Et qu'on n'peut point vir tous les jours :
Eun' musiq' rev'nant d'un concours !...

Ch'est in plein été, vers la brune,
Vis-à-vis de l' Mason commune,
On vot tous chés gais musiciens
Admirés par eun' masse d'gins
Qui leur jett'nt des fleurs.... Monsieu l' Maire,
Avec ses adjoints, et, derrière
Euss', sin greffier, li' un discours.

Il a l'air de dir' : « De ch' concours
On parlera dins l'an deux mille,
Et même après, dins chaq' famille....
Aussi tous les noms des vainqueurs
Rest'ront gravés dins l' fond d' nos cœurs...

Autour de li, tout l' mond' l'acoute,
Sans bouger, et personne n' doute
De l' vérité d' cheull' prédiction,
Tell'mint ch' bon Maire y met d' l'action.
L'officier d' musiq', qui l'le r'vette,
Et qui tient d'eun' main s' clarinette,
Et d' l'aute un superbe bouquet,
Heureux, s' tient raid' comme un piquet.
Chaq' musicien aussi s' ringorge,
Et s' gonfle comme un soufflet d' forge.
Mais l'un d'euss', pour tout dir' vraimint,
N'intind point du tout ch' complimint,
Car, in honnêt' pèr' de famille,
I tient dins ses bras s' petit' fille,
Et l' bajote (*) avec tant d'ardeur,
Qu'on jur'rot, là, parol' d'honneur,
Qu'il arriv' du fin fond d' l'Afrique,
    Ou d' l'Amérique,
Et qu'i n' l'a point vu' d'puis six mos
    Eun' petit' fos....

(*) Baisote.

On r'marque eune aut' petit' fillette,
Avec un bouquet, qu'ell' dot r'mette
A quéqu'un, quand l' discours s'ra dit.
Pauvre infant, autant qu'un conscrit
Qui vient d' quitter ses père et mère
Et parte pour l'armé' d' la guerre,
Elle a l'air tout triste... elle a peur...
On dirot qu'on vot sin p'tit cœur,
Malgré ses habits, qui palpite....
Aussi, chacun dit : « Pauv' petite ! »

Des musiciens l'air triomphant,
Est, au contrair', réjouissant,
Quand on sait qu' cheull' glorieuss' bienv'nue
Est fait'.... pour un prix *d' biell' tenue.*

In veyant ch' tableau, tout l' mond' rit
Et dit qu' Denneulin a d' l'esprit.

TÊTE DE JEUNE FILLE.— TÊTE DE VIEILLE FEMME.

Par M. Alfred Agache.

V'là, par eximple, deux portraits
Bien différints, et fort bien faits :

L'un est l' figur' gai' d'eun' fillette,
Tout' gracieusse et tout' joliette,
Avec des biaux longs ch'veux flottants....
    Ch'est l' printemps.

Mais, tout au contraire, l' deuxième
Est l' visach' ridé d'eun' viell' femme,
Ayant s' poitrine à découvert....
    Ch'est l'hiver.

LA MAISON DE THÉRÈSE.

Par M. SALOMÉ.

L' mason d' Théresse est au villache
Du nom d' Gouy, dins l' Pas-d'-Calais.
On l' trouv' pus curieuss' qu'un palais,
Quand on vot, d' Salomé, l'ouvrache.

Parlons d'abord de l' quemeinnée
Garni' d'étoffe, app'lé' frontiau.
Haute, autant qu'un p'tit mât d' batiau,
Ell' n'est point bâti' de ch'l ainnée.

Contre l' mur, des assiett's fort bielles
In viell' faïence, avec des fleurs,
Donn'nt einvie à nos amateurs
D'avoir, à prix d'or, les modèles.

Que d' séquois (*) curieux dins cheull' plache ! (**)
Un meuble ancien, eun' boîte à sé, (***)
Eun' viell' soupière, un vieux craché, (****)
Comme on n'in vot pus qu'au villache.

(*) Que de choses !
(**) Place ; pièce au rez-de-chaussée.
(***) Sel.
(****) « Petite lampe en fer à l'usage des campagnes, ainsi nommée parce qu'elle était alimentée primitivement par la graisse. » Pierre Legrand, *Dictionnaire du Patois de Lille*.

On r'marque incore eun' viell' cayère (*)
Et.... — Vous rirez d' mi, si je l' dis —
Théresse n' s'rot point d' sin pays,
Si, près d'ell', n'y-avot point d' caf'tière.

Brav' Théress', qu'elle a bonn' figure !
Elle est r'présinté' tout bonn'mint
Assie et p'lurant tranquill'mint
Des petot's (**), cheull' bonn' norriture !

On vot qu'ell' ne r'tir' des puns-d'-tierre
Qu'eun' p'lure aussi minc' qu'un ruban,
Comme l' fait tros chints fos par an,
A Gouy, tout' bonn' ménagère.

Quand, dins m'n ouvro, (***) j'arai moins d' presse,
J' m'in irai, d'un cœur réjoui,
Faire un p'tit tour jusqu'à Gouy
Pour vir, au vrai, *l' Mason d' Théresse.*

(*) Chaise.
(**) Pommes de terre.
(***) Ouvroir, atelier.

LE DÉJEUNER INTERROMPU.

Par M. Albert DE PRINS.

J'avos vu dins pus d'eun' gazette
Qu'Albert De Prins, artiste, point mazette,
Chaque ainnée, à l'Esposition,
Invoyot, d'habitude, un lion
    D'un caractèr' paisible,
      Putôt qu' terrible,
Et pour tout dir' d'un mot, un lion
A l'air aussi douch' qu'un mouton.

    Cheull' petit' critique,
Point du tout méchant', mais comique,
Avot, comm' de juste, excité
    M' curiosité....

On ouvre l'Esposition d' Lille.
Dès l' premier jour j'y cour', habile !
Et, presque aussitôt, d'vant mes yeux,
S' présinte un lion à l'air furieux,
Qui tient dins s' patt' gauche eun' pauv' biête,

Un daim tout plein d' sang.... et qui r'vette (*)
Un n' séquoi qu' je n' peux point d'viner,
Mais qui l' l'impêche d' déjeuner....

Rien qu'à vir, toute ouverte, s' gueule,
J' pinsos que j' trann'ros (**) comme eun' feulle,
Et que j' courr'ros d'ichi jusqu'à Pékin,
Si j' rincontros ch' gaillard-là su' min qu'min....

Mais v'là qu' tout d'un cop, j' porte m' vue
Su' ch' nom : *De Prins*... et j'n'avos point l' bleuss'-vue... (***)

On peut donc dir' que ch' peintre fait des lions,
Quéqu'fos méchants, et quéqu'fos bons.

(*) Regarde.
(**) Que je tremblerais.
(***) La berlue.

BEPPINO (Un Futur Doge).

Par M. Carolus DURAN.

Si j' volos m' charger d' faire l' liste
Des succès gaingnés par l'artiste
    Carolus Duran,
J'aros d' l'ouvrach' pou' l' quart d'un an.
Car je l' connos d'puis s' tendre infance
(J' poros même dir' tout d'puis s' naissance),
Et j' rappell'ros qu'étant gamin,
Quand il avot l' crayon dins s' main,
I s'in servot d'eun' tell' manière
Qu'on d'vinot qu'un jour Lill' s'rot fière
De l' vir au nombre d' ses infants
    Triomphants.

Aujord'hui, ch'est eune affair' faite,
Et personn' n'a peur d'eun' défaite,
Au contraire... Il a tant d'action
Qu'on r'marque à chaque esposition
Un grand progrès fait d'puis l'ancienne.
Chacun a s'n opinion ; v'là l' mienne.

Allez vous-in vir *Beppino*,
Un biau p'tit bambin *(bambino*
In italien) et l' vu' comme éblouie,
    Mais réjouie,
Vous n' quitt'rez les yeux de ch' tableau
Qu'in dijant : « Mon Dieu, qu'il est biau ! »

FLEURS.

Par M. Auguste CATTAERT.

Quand de ch' peintre, on vot les bouquets
      Coquets,
Rindu' avec eun' vérité si grande,
      On s' demande
Si, véritablemint, chaq' fleur
      Est in couleur.

LE VENDREDI-SAINT CHEZ LES DOMINICAINS.

Par M. Auguste HERLIN.

L' tableau qu'espose Monsieu Herlin,
Dénot' de l' sûr'té dins l' dessin ;
Un goût bien marqué pour l'étude ;
L' connaissanc' de l' moindre habitude
Du couvint, d' l'esprit d'observation,
Et de l' scieinc' dins l' composition.

Ch' n'est point, du reste, à Lille,
Qu'i faut, de ch' peintre habile,
Vanter l' savoir. V'là pus d' trinte ans
    Qu'i fait tout sin pass'-temps,
    Du dessin, de l' peinture,
Et d' l'observation de l' nature.

Qui n' sait qu'il a fait des tableaux
Qu'on a, tout partout, trouvés biaux.
L'Intierr'mint d'un pauvre au villache,
L' Batiau à l'hierbe, un Paysache,

L' Filet, *l' Gardin d' Monsieu l' curé*,
Les Blanchisseus's, qu'on a gravé,
J' l'ai laiché dire, in Ainguelterre,
Et surtout *l' Visite au confrère*....
Ch' dernier a fait m'n admiration
A no' dernière esposition,
Et j' conserve incore l' gravure
Qu'alors, on a fait d' cheull' peinture.

UNE BOUQUETIÈRE.

Par Melle CROUAN.

Cheull' jeun' brunette
Ayant pour toilette
Un jupon gris-bleu,
Un caraco, un écourcheu,
Est vraimint bellotte
Perniote (*),
Pour tout dire, à croquer.
Elle est in train d' faire un bouquet,
Car elle est bouq'tière.
Assi' tout près d'eun' serre,
Elle a tout autour d'ell' des fleurs
Et des feuillaches d' tout's couleurs.
Mais chaq' fleur, quoiq' bielle,
N' l'est point tant qu'elle.

) Mignonne.

LA REVUE DES ÉCOLES.

Par M. Jan VERHAS.

Un tableau jolimint bien fait,
Et qui produit fièr'mint d' l'effet,
Ch'est l' tableau d' « *La R'vu' des Ecoles.* »
J' désire, in deux mots, quat' paroles,
Tout bon ju bon compte et d'action,
Vous in donner l'esplication :

Et d'abord, cha s' passe à Bruxelles,
Cheull' vill' si biell' parmi les bielles,
A l' occasion des *Noc's d'argint*
Du Roi et, tout naturell'mint,
De l' Rein' des Belges.... Cheull' revue
Est sûr'mint l' pus biell' que j'ai vue.
Là, point d' pistolets, point d' caissons,
Point d' fusils, sabres, ni canons,
Ni d'aut's séquois faits pour détruire,
Mais des infants pressés d' s' instruire,
Et qui sont on n' peut pus joyeux,
De s'vir admirés d' tant d' curieux,
Mêm' du Roi, même d' leu souv'raine...

On compt' chés infants par cheintaine,
Et tertou' ont l' visach' riant ;
Les p'tit's fill's qui sont in avant
Du cortège, ont surtout joyeuss' mine.
Tout in s' tenan' *à la badine* (*)
Et par la main, ell's march't'nt au pas,
Aligné's comm' des vieux soldats.
Aussi d' leu vir si bonn's manières
Leus maîtress' d'écol's sont tout's fières....

Cheull' toil' vient d'avoir à Paris
Eun' biell' médall'... Personn' n'in s'ra surpris.

(*) En se donnant le bras.

PORTRAIT DU CHANSONNIER DESROUSSEAUX.

Par M. E. BOLDODUC.

SONNET.

J'ai vu l'auteur du *P'tit-Quinquin !*
Ch'est bien li !... rajeuni, peut-ête,
Mais ch'est li ! ch'est bien là s'binette,
Comme a dit pus d'un gros malin.
On jur'rot qu'i vient d' faire un r'frain,
Et qu'à nous l' canter i s'apprête,
Ou bien, qu'i va dir' *Violette,*
Manicour ou *l' Petit-Parrain*,
Tout au moins, un p'tit séquoi d' drôle.
Aussi, chacun, veyant ch' portrait,
Dit tout haut : « Ch'est cha, trait pour trait,
I n' li manq' vraimint que l' parole. »
On ajoute, in veyant ch' nom d'sus :
Boldoduc... « Ah ! cha n' m'étonn' pus ! » (*)

(*) M. Ed. Boldoduc, qui a illustré la plupart des Chansons et Pasquilles lilloises, a maintes fois reproduit le portrait de l'auteur dans des proportions microscopiques, témoin celui qui a paru dans l'*Univers Illustré* du 30 avril 1881, à propos du Concert PETIT-WÉRY.

LE LABOUR D'AUTOMNE.

Par M. PLUCHART.

Si, sur la fin du mos d' septembre,
Au lieu d' rester dins vo' p'tit' cambre,
Vous s'in allez, par un biau temps,
Au lon, respirer l'air des camps,
Et si vous avez l' bonne aubaine,
    D'vir, près d'eun' plaine,
Un car à labourer, au r'pos,
Att'lé d' deux bués solide' et biaux,
L'un, couché comme un pèr' tranquille,
L'aut', tout drot, n' se faijant point d' bile
Non pus ; infin, deux laboureux
Ayant, comm' chés biêt', l'air heureux,
L' premier, fort calme, alleumant s' pipe
    Par principe,
L'aute, n' feumant point, par hasard,
Dite' hardimint : « D' Monsieu Pluchart
V'là l' tableau du *Labour d'automne*. »
Et soyez bien certain qu' personne
    N' vous dédira,
Car ch'est tout-à-fait cha.

LE PENSUM.

Par M. A. BURY.

Veyant ch' petit tableau d' Bury,
      J'ai ri.
J'ai ri vraimint de l' piteuss' mine
De s'n écolier qui, cha s' devine,
Au lieu d' tâcher d' dev'nir savant,
Pins' toudis, tout in écrivant
Au plaisi qu'ont ses camarades,
Dins les fourbous, dins les prom'nades,
A s' rouler su' l'hierbe, à lutter
Comme des vrais hercule', à sauter
Des bancs, des fossés, des hayures, (*)
Sans s'inquiéter des arrachures
Qu'i poront faire à leus habits;
I s' dit qu' les grands, et mêm' des p'tits,

*) Haies.

Aront jusqu'au plaisi, peut-ête,
D' povoir feumer eun' cigarette!...
I n' connot point d' pus grand bonheur.
Aussi, vous pinsez queu crèv'-cœur
Qu'il a d' faire s' pag' d'écriture !...

L' morale à tirer d' cheull' peinture,
Ch'est qu' quand on a fait l' paresseux,
I faut, pus tard, ouvrer comm' deux.

FLEURS.

Par M. E. DUPONT-ZIPCY.

Dupont-Zipcy, ch'est un artiste
Que j' connos tout d'puis pus d' trinte ans
Peintre, poète et journaliste
Tour à tour, quéq'fo' in même temps ;
Il a toudis, dins chaq' partie,
Su s' fair' distinguer malgré s' modestie.
A ses heur's, gai comm' les pinchons,
Il a fait des joyeuss's canchons,
In bon français, cha va sans dire,
Et qui m'ont, pou' m' part, fait bien rire.
Pus souvint, écrivain sérieux,
I nous tir' des larmes des yeux...
Mais, j' dos vous parler de s' peinture.
In s' guidant toudis su' l' nature,
I n' présint' jamais rien d' choquant,
     Ni du clinquant,
Mais bien eun' situation nette,
Et l' pinceau fait d'viner l' poète.

A l'appui d' chin que j' vous dis là,
I n' faut qu' citer s' *Dolorida*. (*)

A l'Esposition d' Lill', du reste,
Allez vir, de ch' peintre modeste,
Ses tableaux r'présintant des fleurs.
In admirant leus fraîch's couleurs,
Vous direz qu' ch'est l' nature
    Tout' pure,
Et vous s'rez tentés d' les sintir,
    Avant d' sortir.

(*) Cette toile achetée par la Société des Amis des Arts de Douai, a été popularisée par une lithographie de M. Boldoduc.

CRÉPUSCULE.

Par M. Louis SCHOUTTET

Ch' tableau r'présinte eun' mer à maré' basse,
Des grands batiaux, eun' bonn' femm' qui s' délasse,
Et qui m' parait v'nu' là pour acater
Des rai's, des moul's que vienn'tent d'apporter
Des brav's pêqueux et qu'on a mis par tierre,
Tout près d' deux banse' (*) un p'tit peu in arrière.
On vot, pus lon, un homme, un p'tit garchon,
Eun' femme, eun' fille, important du pichon
Qu'i vont, bien sûr, s'in aller vinde in ville,
Pour euss' tacher d' norrir leu p'tit' famille.
On r'marque, après chés gins si corageux
Que l' ciel est gris, et rouge et neuageux
Et que ch' tableau, fait d'eun' si bonn' manière,
Est éclairé par eun' demi-leumière....

(*) Grand panier d'osier.

Ch'est in Belgique, i m' senn', (*) que l' peintre a pris
Sin biau sujet, car on sait qu' dins ch' pays
On vo' incor, att'lé' à des carrettes,
Comm' j'in vos là, des quiens, superbes biêtes,
Qui n'ont jamais fait vir du chagrin, ni du r'gret,
D'ête obligés d' faire un métier d' baudet....
Il' ont raison ; pour ête heureux, l' vrai' scieince,
Est d' bien savoir prind' sin sor' in patieince.

(*) Il me semble.

DANS LES BOIS.

Par M. H. MORAL.

On sait qu'il est bien pus facile
D' fair' poser les gins qu' les bestiaux.
Vous ête' in train d' peind' leus musiaux :
L'un gigote, un aut', pus docile,
Fait d'mi-tour, et présint' l'opposé ;
Un aute est on n' peut mieux posé
Pour êt' pris tout drot.... v'là qu'i s' couche ;
Un aute, infin, pour un rien s'effarouche,
I saute, i court, sans savoir uch' qu'i va....

Moral, qui sait mieux qu' mi, tout cha,
A r'marqué qu' chés biêt's sont curieusses,
Et s'a dit : « Ah ! j' vous tiens, mes gueusses !
Et vous pos'rez pour min tableau,
Sans r'muer, non pus qu'un potiau. »

Il a fait placher su' l' pature
Qu'i nous r'présinte, et su' l' verdure
Qui s' trouv' tout au bord d'un fossé,

Point lon d'un-n-halot, (*) vieux, cassé,
Un jeun' musicien du villache
(Du reste, on l' vot dins l' paysache)
Et ch'l homme a jué du flageolet....

Ch'est à pein' si l'air d'un couplet
Étot fini, qu' des bués superbes,
Marchant lourdemint dins les hierbes,
Sont v'nus vettier fort curieus'mint,
Et l' musicien, et s'n instrumint.
Si bien que l' peintre a fait s'n ouvrache,
D'un bout à l'aut', sans bouger d' plache.

Chacun dira, veyant ch' tableau :
Moral est un malin fichau (**) :
Avec ses pinceaux, ses couleurs, ses palettes,
Il attrape on n' peut mieux les biêtes. »

(*) Saule.
(**) Fouine; cette locution : *malin fichau*, équivaut à celle-ci : malin comme un renard.

LE SAMEDI DANS LE NORD.

Par M. WALLET.

Je n' connos point Monsieu Wallet,
Je n' sais point d' queu pays qu'il est,
Mais j' gag'ros qu'i fait des études,
Pour bien connoît' les habitudes
Des gins d' Flandre, no' biau pays.
I suffit, pour êt' de m'n avis,
D'aller pourmirer (*) l' biell' peinture,
   Si nature,
Qu'il a fait' du « *Saim'di dins l' Nord*, »
   Sans effort.

Ch' tableau r'présinte eun' jeun' méquainne (**),
D'eun' tall' qui dépasse l' moyenne.

(*) Pourmirer, regarder attentivement et avec grand plaisir; admirer.
(**) Servente.

Elle a des ch'veux couleur chatain,
Des yeux qu'on n' vot point, un biau teint,
Des bras point gros, mais pleins d' vigueur.
Elle a bien les habits d'rigueur :
Caraco d'eun' couleur passée,
Jusqu'au coud', chaq' manche r'troussée
Moucho d' cou, jupon, écourcheu (*)
In toile bleusse, et par un nœud,
  Serré derrière....
Ah ! qu' cheull' servante a bonn' manière
A récurer sin cauderlat ! (**)
On dirot qu'ell' livre un combat
A ses cass'rol's, caudron, bouilloire,
Cand'lers, marabout, bassinoire,
A tout l' batt'ri' d' cuisine, infin.
I faut l' vir avec sin tortin (***)
D' pall', comme elle est animée !
Non, jamais général d'armée
Ne l' s'ra puq' qu'ell', même au fort d'un assaut !

Cheull' toile m' paraît sans défaut....
— Quéqu'un m' dit qu'ell' manq' d'éclairache.—
Il est incor à v'nir, l'ouvrache,

(*) Tablier.

(**) Batterie de cuisine en cuivre ; tout ce que fait e chaudronnier ou caudronnier, qu'on appelait autrefois *caudrelier* ou *cauderlier*.

(***) Objets tordus ensemble et formant un rouleau.

Qui s'ra, d' tertous, r'connu parfait...
Pour mi j' trouve ch' tableau bien fait,
Pa' c' qu'il est eun' peintur' fidèle,
Non point tant seul'mint du modèle
    Que l' peintre a pris,
Mais d'eun' coutume d' min pays.

VUE DES ENVIRONS D'HAZEBROUCK.

PEINTURE SUR PORCELAINE

Par Melle Constance DE SAINT-AMOUR.

V'là douz' quinze ans, l' nom d' Saint-Amour
Etot r'marqué presque chaq' jour
Dins les gazett's de l'ville
    De Lille.
Ch'est que l' brav' cœur qui portot ch' nom,
Bon écrivain, bon compagnon,
Etot tout contint d' povoir faire
Un compt'-rindu, pour satisfaire
Un peintre, un poète, un sculpteur,
Un musicien, comme un acteur,
Pour tout dire, infin, un artiste.

Quand j'ai vu l' nom de l' fill' de ch' journaliste
  Su' ch' tableau si bien réussi,
  Min vieux cœur a sauté d' plaisi.
  Ch'est qu'il est bien fait ch' paysache !
  I r'présinte un coin d'un villache
  Du côté d'Haz'brouck et qu' j'ai vu...
  Je l' trouve on n' peut point mieux rindu.

LES SŒURS DE CHARITÉ. — LA RÉPÉTITION AU COUVENT.

Par M. Amand Gautier.

Amand Gautier est un Lillos
Qui, chacun l' sait, a bien des fos
Fait d' l'honneur à s' bonn' vill' natale,
In esposant dins l' Capitale
Pus d'un tableau fort réussi.
On connot l' *Prom'nad' du jeudi*
Les Folles d' la Salpêtrière,
Les Sœurs de charité, même l' *Femme adultère*....
Au musé' d' Lille, on a d' li deux tableaux,
Souvint cités comme étant vraimint biaux. (*)
On compt' ses portraits par douzaine.
A Lill', dins l' temps, l' portrait du vieux savant
[Del'zenne,
Dins l'*Abell' lilloisse* a paru,
Etonnant tous cheuss' qui l' l'ont vu
Par eun' ressemblance incroyable,
Admirable ;

(*) *Surprise au bain* et *Concert champêtre* d'après *Il Giorgione*.

Et l' sien, qui n'avot rien d' banal,
Aussi, donné dins l' mêm' journal,
      In lithographie,
In mêm' temps que s' biographie,
N'a point trouvé, ch'est un fait à r'marquer,
Même eun' seul' gin pou' l' critiquer...

Quand vous arez vu ses deux toiles,
Vous conviendrez qu' ch'est des étoiles
Dins l' ciel de ch' peintre, et comme l' *vieux filtier*,
Vous crierez haut : « Bravo, Gautier ! »

UN COIN DE S^T-EUGÈNE (Algérie).

Par M. Ev. DESOBLAIN.

Desoblain, un peintre amateur,
Est l'auteur
D'un p'tit paysache
Qu'il a pris dins l' villache
D' Mons-in-Barœul,
Et qui prouve, app'lez cha d' l'orgueul,
Si vous volez, qu' les invirons d' Lille,
No' grande et biell' ville,
N' sont vraimint point si laids qu'on l' dit
Et qu'on l'l' écrit.

Cha r'présinte, in partie, eun' ferme,
Avec eun' biell' petit' mason
A pignon,
Bien bâtie, in brique' et molons, (*)
Couverte in tuile et palle.... et ferme
Su' ses fondations.

(*) Moellons. C'est ainsi qu'est appelée, à Lille, la pierre de Lezennes.

A quéq's pas d'eun' porte d' derrière,
On vot l' fermière
Qui r'tir' de s'n écourcheu
Bleu,
Des grainnes,
Qu'ell' jette à ses glainnes, (*)
Pour les norrir....
Ch'est vraimint gai à vir.

Et puis, des abres d' tous les sortes,
Des grands, des p'tits... mais point d' feull's mortes,
Car ch'est l'été,
Et tout paraît là plein d' santé.
Infin, au lon, et dépassant l' feuillache
Des abre', on vot l' biau cloquer du villache...

. . . .

Mais que j' sus balourdiau! (**)
J' vous parle d'un tableau
Qu' Desoblain n'a point volu mette
A l'Esposition...... Je l' regrette,
Mais je n' dos point, pourtant, passer
D'vant l'ouvrach' qu'i vient d'esposer,
Sans vous in dir' quéq's mots, sans gêne :

(*) Poules.
(**) Augmentatif du mot *balou*, employé pour balourd.

Il l'appelle : *Un Coin d' Saint-Eugène.*
Ch'est eun' biell' mason, près d' la mer,
In Algérie... On n'est point fier
    Du ciel de l' ville
       De Lille,
  Quand on a vu l' ciel bleu
     D' Saint-Eugène,
Ciel bien pus bleu qu' l'écourcheu
    D'eun' méquainne.
Et pourtant, malgré sin ciel gris,
Je n' quitt'ros point min gai pays
Pour aller vive à Saint-Eugène.

PORTRAIT DE Mme ....

Par M. Jules BRETON.

  Quand on a d'vant les yeux
  Un nom des pus glorieux,
   Un nom qui figure
  Sur des tableau' app'lés :
    L' Lecture,
  L' Bénédiction des Blés,
   Les Glaneuses,
   Les Sarcleuses,
    L' Moisson,
Et bien d'aute' ayant l' même r'nom ;
Quand ch' nom a signé des poèmes
Aimés des hommes, chéris des femmes,
Et qu'a couronnés l' prix Montyon (*) ;
Quand, infin, i s'agit d' Breton,

(*) Dans sa séance du 24 juin 1881, l'Académie française a décerné le prix Montyon à M. Jules Breton, pour son poème intitulé : *Jeanne*.

Jules, l' grand peintre et l' bon poète,
On n'a point b'soin de s' casser l' tiête
Pour espliquer un d' ses nouviaux
        Tableaux.
Tout l' monde sait que l' peintre d' Courrière
N' sarot point fair' de l' petit' bière...
    On lit l' titre, on l' l'écrit,
        Cha suffit.

LE CALME.

Par M. L.-P. SAUVAIGE.

J'ai bien souvint plaint les gins d' mer
Qui s'in vont, l'été comm' l'hiver,
Et quéq'fos pour eun' longu' durée,
Bien lon, lon, pêquer de l' marée.
Pus d'eun' fos, maingeant des hérings,
Et pinsant qu' peut-êt', des brav's gins
Avott'nt risqué d' perd' l'existence
Pour m'apporter cheull' subsistance,
Je n' maingeos point d' bon appétit....
Je m' les figuro' in plein' nuit,
Dormant, in train d' faire eun' rêv'rie,
Et réveillés par eun' mer in furie
Qui v'not bosculer leu batiau,
Casser sin mât, et j'ter à l'iau
Pêqueus, pichon et tout l' boutique.
    Méchant' pratique !..

Mais tout d'puis qu'au Palais Rameau
J'ai pourmiré (*) l' CALME.... tableau

(*) Pourmirer. Voir la note page 29.

Trouvé superbe à Paris même,
Puisqu'on l' l'a médaillé, j' n'ai pus cheull' peine es-
    J' dis que l' marin, comm' l'ouverier,   [trême.
    A, sûr'mint, faijant sin métier,
    Pus d'un moumint dur et pénible,
    Mais qu' bien souvint, s' vie est paisible.

J'aime, infin, cheull' peinture, et si l' Gouvernemint
    Veut faire l' contint'mint
    Du vieux filtier, l'auteur de cheull' pasquille,
    I l' f'ra placher, pus tard, au Musé' d' Lille.

ÉPILOGUE.

Si je state aujord'hui ch'l ouvrache,
Ch' n'est point pa'c' que j' manque d' corache,
Ni qu' j'ai l' cerveau lasse, alourdi,
Ni mêm' que j' veux faire l' lundi ;
Ch' n'est point non pus (on vot l' contraire)
Pa'c' qu'i n' me reste rien à faire.
Non, mes gins, non, ch'est pour savoir,
Si, comm' j'in conserve l'espoir,
Les gins qui liront cheull' brochure
Diront qu'elle est l' juste peinture
Des tableaux plachés d'vant leus yeux,
Ou bien, au contrair', si j' f'ros mieux
Comme j' manq' d'un vrai savoir-faire,
De n' pus m'occuper de ch'l affaire....

Dins l' premier cas, j' continuerai,
Et dins l' deuxième.... eh ben !... j' verrai.

UN VIEUX FILTIER.

TABLE.

MM.		Page.
Agache	Tête de jeune fille. — Tête de vieille	8
Boldoduc	Portrait du chansonnier Desrousseaux	21
Breton (Jules)	Portrait de Mme ***	41
Bury	Le Pensum	23
Carolus Duran	Beppino (un futur doge)	13
Cattaert	Fleurs	15
Crouan (Mlle)	Une Bouquetière	18
Denneulin	La rentrée d'un concours	5
De Prins	Le déjeuner interrompu	11
Desoblain	Un coin de St-Eugène (Algérie)	38
Dupont-Zipcy	Fleurs	25
Épilogue		45
Gautier (Amand)	Les Sœurs de charité. — La répétition au couvent	36
Herlin	Le Vendredi-Saint chez les Dominicains	16
Moral	Dans les bois	29
Pluchart	Labour d'automne	22
Préface		3
St-Amour (Mlle Constance de)	Vue des environs d'Hazebrouck	34
Salomé	La Maison de Thérèse	9
Sauvaige	Le Calme	43
Schoutteten	Crépuscule	27
Verhas	La Revue des écoles	19
Wallet	Le samedi dans le Nord	31

EN VENTE A LILLE,

chez les principaux libraires

Et **chez l'Auteur, rue Beauharnais, 48,**

CHANSONS ET PASQUILLES LILLOISES

Par DESROUSSEAUX.

1er Volume, précédé du portrait de l'auteur et d'une Petite Notice sur l'orthographe du patois de Lille. Nouvelle édition, avec musique. **2fr.50**

2e Volume, avec les airs nouveaux de l'auteur. Nouvelle édition... **2 50**

3e Volume, avec 20 vignettes et la notation des airs nouveaux et anciens. Nouvelle édition **2 50**

4e Volume, avec les airs anciens et nouveaux et suivi d'un Vocabulaire **2 50**

MES ÉTRENNES,

Almanach chantant — 1881. — Prix : **50** Centimes.

Assiettes « Chansons lilloises de Desrousseaux. »

A partir du 1er décembre 1880, la maison UTZSCHNEIDER et Cie, de Sarreguemines, a mis en vente partout, notamment chez **M. Focqueu, rue de la Clef, 2, à Lille**, une douzaine d'assiettes imprimées représentant, d'après les dessins de M. Ed. Boldoduc, des scènes des chansons dont voici les titres : *Le Petit Sergent sans moustaches*, *les Vinaigrettes*, *le Cabaret du Petit-Quinquin*, *le Bistocache de Sainte-Catherine*, *Choisse et Thrinette*, *Ronde du temps passé*, *le Vieux Fripier*, *les Revenants*, *Chacharles l'hercule du Nord*, *les Amours de Jeannette et de Girotte*, *Croqsoris* et *la Noce de César*. — La bordure contient, outre le portrait de l'auteur, les sujets suivants : *Les Deux Gamins*, *une Aventure de Carnaval*, *le Petit Doigt*, *la Cafetière* et *Jacquo l' balou*.

Déjà, depuis vingt ans, la même maison avait fabriqué quatre douzaines d'assiettes dont tous les sujets sont tirés des œuvres de Desrousseaux.

Carrés-Wattebled.

M. WATTEBLED, boulanger-pâtissier, rue Esquermoise, 118 *bis*, à Lille, fabrique actuellement des CARRÉS représentant des scènes des chansons de Desrousseaux dont voici les titres : *l'Habit de mon Grand-Père*, *Hu' Dada !* *le Nunu*, *Jeanne-Maillotte*, *Mimi-Lamour* et *le Petit-Quinquin*.

www.ingramcontent.com/pod-product-compliance
Lightning Source LLC
Chambersburg PA
CBHW030054230526
45471CB00003B/1096